Steve Taylor

Stille

Steve Taylor

Stille

Inspirationen für inneren Frieden und Freude

Ausgewählt und mit einer Einleitung von Eckhart Tolle

Aus dem Englischen übersetzt von Bernd Bender

• Eckhart Tolle Edition •

Titel der Originalausgabe: *The Calm Center*

Originally published by *New World Library*, Novato, California

An Eckhart Tolle Edition

Steve Taylor

Stille

info@j-kamphausen.de | www.weltinnenraum.de

ISBN Printausgabe: 978-3-95883-071-4
ISBN E-Book: 978-3-95883-072-1

3. Auflage 2017

Projektmanagement: Marianne Nentwig
Übersetzung: Bernd Bender
Lektorat: Ulrich Magin
Gestaltung: Kurt Liebig
Coverfoto: © dolphindance/photocase
Druck: Westermann Druck Zwickau

Bibliografische Information der Deutschen Nationalbibliothek
Die Deutsche Nationalbibliothek verzeichnet diese Publikation in der Deutschen Nationalbibliografie; detaillierte bibliografische Daten sind im Internet über *http://dnb.d-nb.de* abrufbar.

Dieses Buch wurde auf 100% Altpapier gedruckt und ist alterungsbeständig. Weitere Informationen hierzu finden Sie unter *www.weltinnenraum.de*

Kommentare zum Buch

„Das zentrale Thema dieser Sinnsprüche ist die Qualität des Bewusstseins der Leser. Wenn du dich ihrer transformativen Kraft öffnest ... wird die Magie jedes einzelnen Textes in dir wirken."

aus der Einleitung von ECKHART TOLLE,
Autor von *Jetzt! Die Kraft der Gegenwart* und *Eine neue Erde*

„Hin und wieder erscheint ein Buch, das dem Fluss der ewigen Weisheit, der die Zeitalter durchströmt, einen wunderbaren, neuen Tropfen hinzufügt. *Stille* ist solch ein Buch. Es weist den Weg zu einem authentischen Selbst."

ELIZABETH LESSER, Autorin von *Broken Open* und
Mitbegründerin des Omega Instituts

„Transzendent und doch geerdet, fundiert und doch einfach, zeitlos und doch erfrischend neu. Steve Taylors Buch hebt ab und reißt uns mit, weit, weit, weit über uns selbst hinaus."

ARJUNA ARDAGH, Autor von *Die Lautlose Revolution*

„*Stille* ruft uns etwas ins Gedächtnis, ermutigt uns auf unserer Reise und erinnert an das Glück und die Leichtigkeit hinter all unseren täglichen Mühen. Diese Sinnsprüche bringen uns nach Hause."
ORIAH MOUNTAIN DREAMER, Autor von *Die Einladung*

„Ein zauberhaft geschriebener Leitfaden zur Verwirklichung der kraftvollen, befreienden Lebendigkeit des gegenwärtigen Augenblicks. Steve Taylors Sprache wirkt transformierend.“

MICHAEL BERNDARD BECKWITH, Autor von *Entscheide dich für die Freiheit*

„Eine entzückende und inspirierende Sammlung von Lehren aus dem Herzen eines Wissenden.“

PETER RUSSELL, Autor von *Quarks, Quanten und Satori – Wissenschaft und Mystik*

Nicht ich, nicht ich, sondern der Wind,
der durch mich weht! ...
Oh, welch ein Wunder, das in meine Seele sprudelt,
Ich wäre eine gute Quelle, eine gute Brunneneinfassung,
Kein Flüstern würde ich verwischen, keinen Ausdruck verderben.

D. H. Lawrence
„Lied eines Mannes, der noch einmal davongekommen ist"

Inhalt

Einführung

Wie religiös du bist, hängt vom Inhalt und der Kraft deiner Glaubenssätze ab und wie stark du dich mit ihnen identifizierst. Wie spirituell du bist, hängt vom Grad deiner Gegenwärtigkeit im Alltag ab, das heißt, vom Zustand deines Bewusstseins.

Der Kern aller Spiritualität ist Gegenwärtigkeit, ein Zustand des Bewusstseins, der das Denken transzendiert. Es gibt einen Raum hinter und zwischen den Gedanken und Emotionen. Wenn dir dieser Raum bewusst wird, bist du gegenwärtig, und du begreifst, dass deine persönliche Geschichte, die aus Gedanken besteht, nicht deine wahre Identität, nicht dein eigentliches Wesen ist. Was ist dieser Raum, diese innere Offenheit? Er ist Ruhe, ein stilles Zentrum. Er ist reines Bewusstsein, ein transzendentes ICH BIN, das sich seiner selbst bewusst wird. Der Buddha nannte es *shunyata*, Leerheit. Es ist das „Königreich des Himmels", von dem Jesus sprach; es liegt in dir, hier und jetzt.

Wenn diese Präsenz dir immer bewusster wird, manifestiert sie sich auf unterschiedliche Art und Weise: als innerer Friede, Einfühlungsvermögen, ein Ausdruck guten Willens gegenüber deinen Mitmenschen, Kreativität, ein intensiveres Erleben deiner eigenen Lebendigkeit, der Befreiung von unproduktivem und zwanghaftem Denken und als eine tiefe Wertschätzung des gegenwärtigen Moments. Diese und andere Veränderungen verbessern deine Lebensqualität entscheidend.

Gegenwärtigkeit stärkt und inspiriert auch das gesprochene und geschriebene Wort. Alle wahrhaft spirituellen Lehren verweisen mit Worten auf diese transzendente Dimension des Bewusstseins, die in Gegenwärtigkeit besteht. In einer ganz geheimnisvollen Weise verfügen die Worte, die aus der Gegenwärtigkeit kommen, über eine Kraft, die über die reine Informationsvermittlung hinausgeht und Ausdruck eben dieser Gegenwärtigkeit ist. Diese Kraft kann in Menschen, die diese Worte hören oder lesen, zu einem Erwachen oder Vertiefen ihrer eigenen Präsenz führen. Alle wirklich spirituellen Werke haben diese Kraft. Du kannst, ja, du willst dich ihnen sicherlich immer wieder neu zuwenden und sie lesen, denn dabei findet eine Veränderung im Bewusstsein statt. Du trittst in die Gegenwärtigkeit ein.

Stille ist eines dieser seltenen Bücher. Es ist ein Werk der Poesie, eine Sparte der Literatur, die bereits im Altertum als geeignetes Mittel für den Ausdruck und die Vermittlung spiritueller Wahrheiten galt. Viele dieser alten Schriften sind poetische Texte oder an der Grenze zwischen Lyrik und Prosa angesiedelt. Die *Upanischaden*, die *Bhagavadgita*, der *Dhammapada* und das *Tao Te Ching* sind alle von großer poetischer Kraft. In diesen Texten wirken Bedeutung, Bild, Klang und Rhythmus zusammen, um ein harmonisches Ganzes zu erschaffen, das transformative Kräfte im Bewusstsein der Leser und Leserinnen aktiviert. Ich weise auf die großen mystischen Dichter des Sufismus hin, auf Hafiz, Rumi, Kabir und Attar, sowie die buddhistischen Dichter Basho und Milarepa. In der christlichen Tradition gibt es bedeutende mystische Dichter wie Johannes vom Kreuz, Angelus Silesius und natürlich Meister Eckhart, dessen Schriften mit treffenden Bildern und Metaphern man poetische Prosa nennen könnte. In neuerer Zeit findet sich die spirituelle Dimension in den Werken zahlreicher Dichter, etwa bei Wordsworth, Whitman, Rilke und vielen anderen.

Steve Taylors *Stille* ist eine zeitgenössische Inkarnation dieser alten Tradition der poetisch-spirituellen Literatur. Das zentrale Thema fast jedes dieser Sinnsprüche ist die Qualität des Bewusstseins der Leserinnen und Leser. Wenn du dich ihrer transformativen Kraft öffnest, wenn du langsam und aufmerksam liest, wirst du erfahren, wie der Zauber jedes einzelnen Gedichts in dir wirkt und dich zu einer feinen, aber deutlichen Veränderung in deinem Bewusstsein leitet. Dies befreit dich von dem mentalen Lärm des zwanghaften Denkens und verbindet dich mit einer wachen, inneren Ruhe – eben mit Gegenwärtigkeit. Du erwachst für die spirituelle Dimension des Lebens. Und wenn du diese Gedichte mehrmals liest, wird die gesammelte Wirkung möglicherweise dein Leben verändern.

Ich möchte dir empfehlen, ein Exemplar dieses Buches an deinem Bett und ein weiteres an deinem Arbeitsplatz aufzubewahren, damit du dich in Pausen, wie kurz diese auch immer sein mögen, spirituell anregen kannst. Jeder dieser Texte kann eine kurze Meditation sein, und in vielen Fällen mag es genügen, einen einzigen davon zu lesen. Ich habe einige Gedichte von Steve Taylor in meinen Retreats vorgelesen, wo sie auf große Begeisterung trafen. Vielleicht möchtest du das Gedicht, das dir am besten gefällt, auch einmal vorlesen und mit Partnern, Familienmitgliedern oder Freunden teilen. Es wird dir und allen, die zuhören, guttun und die Qualität deiner Beziehungen verbessern. Stelle aber bitte sicher, dass die andere Person dafür offen und empfänglich ist; niemand sollte sich gezwungen fühlen, diese Schätze zu empfangen.

Gestatte mir, deinem Genuss dieser spirituellen Lektüre mit einem Ausschnitt aus einem Gedicht einen guten Anfang zu geben:

Bist du traurig oder einsam,
Wünschte ich, ich könnte
dir das erstaunliche Licht
deines eig'nen Wesens zeigen!*

Dieses kleine Juwel ist auf den Seiten dieses Buches sicherlich nicht fehl am Platze. Und doch wurden diese Zeilen schon vor über 600 Jahren von dem großen persischen Sufidichter Hafiz verfasst, der von der Nachwelt die „mystische Zunge" genannt wurde – was uns zeigt, dass Worte, die aus der Gegenwärtigkeit kommen, zeitlos sind.

Eckhart Tolle, Autor von
Jetzt! Die Kraft der Gegenwart und *Eine neue Erde*

* Daniel Ladinsky: *Ich hörte Gott lachen. Gedichte inspiriert von Hafiz.* Arbor Verlag, Freiburg im Breisgau 2011.

Der einzige Ort

Wenn die Zukunft voller Grauen
und die Vergangenheit voller Bedauern ist
wo sonst als in der Gegenwart kannst du dann Zuflucht
nehmen?

Wenn wilde Strudel quälender Gedanken
die schützenden Dämme deiner Vernunft überfluten
ist die Gegenwart das stille Zentrum, in dem du ruhen kannst.

Und nach und nach lösen sich
in diesem Ruhen alle nagenden Gedanken und Ängste auf
wie ein Schatten, der in der Mittagssonne schwindet
bis du keine Zuflucht mehr brauchst.

Die Gegenwart ist der einzige Ort
der frei von Schmerzen ist, die den Gedanken entspringen.

Die Gegenwart ist der einzige Ort.

Der Wettstreit

Wie kannst du wissen, wie stark du bist
solange deine Stärke nicht herausgefordert wird?

Wie willst du deine Tiefe kennen
wenn deine Oberfläche nie so aufgewühlt wird
dass du hinabtauchen musst?

Wie kannst du wissen, was in dir schlummert
solange dein ganzes Sein erwachen muss?

Dann wendest du dich nach Innen und sammelst deine
    Reichtümer
deine unangetasteten Reserven an Kräften und Talenten
steigst schließlich auf wie eine Sonne, überrascht von deinem
    eigenen Glanz
stärker als du ihn dir je vorstelltest
tiefer als du je träumtest.

Himmlisches Missvergnügen (Die Öffnung)

Wenn du spürst, da ist irgendwie noch mehr
wenn das Leben, das dich zufrieden stellte, nicht mehr genügen will
und Sicherheit dir die Luft abschnürt, Vergnügen ihren Reiz verlieren
wenn der Traum vom Erfolg dich nicht länger beflügelt
und Zerstreuungen dich nicht länger zerstreuen
wenn das Bekannte dich bedrückt wie ein Mantel, der zu alt und eng geworden ist
und jede Wiederholung der alten Routine
dich stumpf und müde macht

Wenn dich eine Traurigkeit schmerzt
die keinen Grund zu haben scheint
du einen schleichenden Hunger spürst, der nicht zu stillen ist
wenn eigenartige Kräfte dich durchströmen
wie die Wellen eines Bebens tief im Innersten
und du spürst, wie sich der Grund verschiebt
und du fürchtest, dein Gleichgewicht zu verlieren
und du dich fragst: „Was stimmt nicht mit mir?
Wieso kann ich nicht mehr glücklich sein?"

Hab keine Angst – in dir ist nichts Falsches.
weder Angst noch Niedergeschlagenheit –
es ist himmlisches Missvergnügen.
Du brichst nicht zusammen, sondern du brichst durch.

Dies ist dein Erwachen
das Zerreißen des Schleiers
das Öffnen deiner Seele.
Dein wahres Selbst kommt hervor, langsam, schmerzhaft
bricht es durch das harte Gespinst deines Kokons.

Die alte Welt tritt hinter dir zurück
und du stehst an der Schwelle einer neuen, orientierungslos
fragst dich, welche Bedeutung dieser merkwürdige Ort
wohl hat.
Doch solange du den Mut findest, weiterzugehen
wird der Lotse sich zeigen, dein Weg öffnet sich vor dir
und ein glorreiches Abenteuer beginnt.

Und bald schon wird dich die Üppigkeit der Landschaft nicht
mehr schrecken
bald wird der Glanz dieser Sonne dich nicht mehr blenden
bald wird dich die Weite dieses Raumes nicht mehr überwältigen
und der Zauber und Sinn dieser neuen Welt werden dich
umschlingen.

Werde zum Himmel

Dieser Käfig, in dem du dich gefangen fühlst
länger schon, als du dich erinnerst
wirkt so fest und unentrinnbar
dass du nicht mehr an ein Entkommen glaubst
wie ein Vogel, der einst seine Schwingen flattern ließ
sie aber jetzt schlaff hängen lässt.

Doch die Gitterstäbe deines Käfigs sind nicht undurchdringlich.
Sie sind ein Trugbild, geschmiedet aus Ängsten und Wünschen
vorgegaukelt von deinem rastlosen Geist
genährt durch die Aufmerksamkeit, die du ihnen schenkst.

Lass deinem Geist nur einen Augenblick der Stille
und sieh, wie die Angst sich auflöst
und Wünsche sich einziehen
wie die Klauen eines Tieres, das nichts mehr bedroht.

Sieh, wie die Gitterstäbe schmelzen
und lasse die Welt in dich eintauchen.

Lasse den Raum deines Geistes mit dem Raum da draußen
verschmelzen,
bis nur noch ein Raum besteht, ohne Unterschied –
breite deine Schwingen aus und werde zum Himmel.

Die Stimme in deinem Kopf

Eines Tages hast du genug von der Stimme in deinem Kopf
genug von ihrer ständigen Litanei der Unzufriedenheit
ihren angstvollen Gedanken an die Zukunft
und ihren Zweifeln an jeder Entscheidung, die du triffst.

Eines Tages wirst du dich ihr zuwenden und besonnen entgegnen:
„Ich weigere mich, auf dich zu hören."
Dann trittst du zurück und wendest dich von ihr ab
und deiner Umgebung zu
oder einer Stille und Offenheit, die du in dir spürst,
direkt hinter dieser Stimme.

Diese Stimme dreht sich so sehr um sich selbst
dass sie anfangs gar nicht bemerkt, wie sie ignoriert wird
sie macht einfach weiter und plappert mit sich selbst.
Immer noch vernimmst du ihre Klagen und ihre Kritik
aber das überzeugt dich nicht mehr –
du zweifelst sie an, lachst über sie, verwirfst sie.

Und nach und nach, wenn du sie nicht mehr mit deiner Aufmerksamkeit befeuerst,
wird die Stimme zögerlicher, stockender, langsamer, lässt Raum zu;
bis dieser von sich selbst eingenommene Redefluss, der immer gehört werden wollte
der den Rest der Wirklichkeit überschwemmte
nicht lauter ist als ein Flüstern, wie ein Windhauch
der selbst Teil der Stille ist.

Der Kern

Es kann eine ganze Lebenszeit dauern, du selbst
zu werden –
Jahre des Umherstreichens und der Verlassenheit
in einer Rolle, die du nie spielen solltest
in einer Sprache, die du nie sprechen solltest
in Kleidung, die nicht passt
die du nur trägst, um als normal zu gelten
in der du dich ungelenk und unnatürlich fühlst
wie ein Fremder, der zu Hause zu sein vorgibt
obwohl er weiß, dass alle seine Fremdheit spüren
ihn ablehnen, weil er nicht zu ihnen gehört.

Allmählich, nach Jahren der Erkundung
siehst du Meilensteine, die du erkennst
vernimmst ein schwaches Flüstern, das wahr klingt
eigentümlich bekannte Wörter, als hättest du sie selbst
gesprochen
Gedanken, die tief in dir etwas anrühren, als wären sie dir
längst bekannt.
Und langsam wächst dein Vertrauen
und du gehst schneller, denn die Richtung ist jetzt klar,
und du spürst, wie es dich zu deiner eigentlichen
Heimat zieht.

Jetzt beginnst du tiefer zu schürfen
die Schichten deiner Konditionierungen abzulegen
die Häute deines schwachen, falschen Selbst abzustreifen
jene Muster und Wünsche loszulassen, die du übernommen
hattest

bis du den festen Fels erreichst
der neben deinem strahlenden, geschmolzenen Kern ruht.

Nun gibt es keinen Zweifel mehr –
dein Weg ist deutlich, dein Kurs vorgegeben.
Dieser feste Grund deines Seins ist so sicher und stabil
es gibt jetzt kein Bedürfnis mehr nach Akzeptanz
keine Furcht, abgelehnt oder ausgelacht zu werden.
Alles, was du tust, ist stimmig und wahr
tief und vollständig in seiner Authentizität.

Doch hier halte nicht an, du bist erst auf halber Strecke –
ja, vielleicht sogar erst am Anfang.

Sobald du den Kern erreicht hast
forsche weiter, aber feinsinniger
grabe tiefer, aber behutsamer
du wirst neue Schichten aufdecken, neue Tiefen ergründen
bis du den Punkt erreichst, der kein Punkt ist
an dem der Kern sich auflöst
und der festgefügte Fels vergeht wie Eis
und das Selbst verliert seine Grenzen
und dehnt sich aus, um das Ganze zu umfassen.

Ein Selbst, stärker und wahrer
weil es kein Selbst mehr ist.

Ein Selbst, das du erst finden musstest
so dass du es verlieren konntest.

Die Geheimnisse

Du kannst nach den Geheimnissen nicht greifen
sie nicht aus der Erde reißen
oder aus der Luft pflücken.
Je stärker deine Mühe, sie festzuhalten
umso mehr verlieren sie ihre Form
bis sie sich endlich auflösen.

Du kannst Materie bis in die kleinsten Teilchen zermahlen
so dass sie schließlich zu Nichts zerfällt
doch ihr Wesen wird sich dir immer entziehen.
Du kannst die Natur sezieren, dich an ihr vergreifen
aber sie sagt dir nie, was sie weiß.

Keine Gewalt und auch kein Bemühen werden dir nutzen –
du kannst jedoch die richtigen Bedingungen schaffen
den Strahl deiner Aufmerksamkeit umkehren
und in dir einen heiligen Ort schaffen.

Leere den Geist wie einen wolkenlosen Himmel
so still wie die Oberfläche eines Sees
bis deine Tiefen vor Stille überquellen
und der Kanal weit und klar genug ist
dass die Geheimnisse hindurchfließen
und sich dir offenbaren können.

Die Geschichte

Deine Geschichte ist immer da
wenn du dich daran erinnern musst, wer du bist
wie ein Strom, der neben dir fließt
in den du immer tauchen kannst, um eine Weile in ihm
zu treiben
immer dann, wenn du die Richtung verlierst, dich verletzlich
fühlst
und dich daran erinnern musst, wer du bist.

Und wenn du mit diesem Strom der Erinnerungen schwimmst
bist du vielleicht stolz darauf, wie weit du gekommen bist
bis an diesen Punkt glänzender Leistungen
und du schaust stromaufwärts und lächelst gerechtfertigt
all den Narren zu, die dich nicht ernst nahmen und an dir
zweifelten.

Oder du spürst einen Schmerz des Scheiterns in dir
blickst zurück auf die trüben, gewundenen Spuren
die nirgendwohin führten
außer an diesen Ort des Schmerzes.

Je nach deiner Geschichte kannst du ein Held oder ein
Schurke sein.

Oder du lässt den Strom vorbeifließen
und nimmst diesen Moment in seiner Ganzheit an
ohne auf einen anderen, vorher oder nachher, zu verweisen.

Halte inne und beobachte, außerhalb der Geschichte,

nicht als ihr Held, sondern als ihr Autor
verankert in einer anderen Identität
die nie geschaffen wurde
die weder Handlung noch einen Abschluss braucht
da sie längst vollkommen ist.

Die Alchemie der Aufmerksamkeit

Wenn ein Nebel ständig zunehmender Gedanken deinen
Geist füllt
Assoziationen sich endlos im Kreise drehen
Bilder sich aufdrängen und Erinnerungen auf dich einstürzen
in freiem Fall in deinem inneren Raum
dann kannst du dich immer ins Jetzt zurückrufen.

Diesen Morgen, als ich das Frühstück für die Kinder machte
erwischte ich mich dabei, wie ich tagträumte und mit einem
leichten geistigen Stupser
erinnerte ich mich daran, wo ich war.
Und auf der Stelle verwandelt sich die Unordnung der Küche in
offene Gegenwart –
ein Mosaik sonnenbeleuchteter Quadrate auf dem Boden
die sich unter den vorüberziehenden Wolken erhellen und
verblassen
die Metallfassungen der Hocker sprühen Funken
Dampfwölkchen schweben über Tassen
der Spiegel der silbernen Löffel
die vollkommene Ruhe verstreuter Kaffeebohnen
das knallbunte Gelb und Blau der Spülmittelflaschen
und die Schlieren am Fenster von der Sonne entblößt –
alles vollkommen still und wirklich
alles vollkommen es selbst.

Aufmerksamkeit ist die Alchemie,
die Eintönigkeit in Schönheit verwandelt
und Furcht in Leichtigkeit.

Der spirituelle Lehrer

„In dieser Welt findest du kein Glück", sagte der Lehrer.
„Sie ist ein unvollkommener Ort. Und deshalb voller Leiden.
Du musst über sie hinausgehen, in den Bereich des Geistes.
Dort liegt die Erfüllung."

Ein jenseitiger Glanz lag in seinen Augen
als käme er aus einer anderen Dimension
zu ätherisch für diese Welt
allenfalls zu Besuch, vorübergehend.

„Der Körper ist nicht mehr als eine Hülle", fuhr er fort.
„Ein hinfälliges Gefäß für die Seele.
Je mehr du seinen Wünschen nachgibst
desto schwächer wird der Geist."

Ich verließ die Versammlung, lief durch die Straßen,
betrachtete den Himmel.
Ich ging durch den Park, die Promenade entlang
unter den schwankenden Ästen der Bäume.

Und ich spürte, wie der Geist sprach
in der stillen Lebendigkeit der Bäume
im sanften Raunen des Windes
im Zischen und Aufbrausen des Meeres
im gleichmäßigen, sanften Vorbeizug der Wolken.

Jeder Grashalm, jede Woge des Meeres,
jede Wolke, jeder Stein, jeder Luftpartikel
strahlte in seiner eigenen Bewusstheit

unterschwellig empfindsam, still lebendig,
immer da, mit einer geheimen Schwingung
jenseits des üblichen Spektrums der Bewusstheit.

Ich spürte die überwältigende Kraft des Geistes,
wie er die Welt durchzieht und sie erfüllt.
Ich öffnete mich, ließ die Kraft mich umarmen
und wurde so zu einem Teil dieser Verbundenheit
mein eigener Körper prickelnd und funkelnd vor Geist.

Den Lehrer aber besuchte ich nie wieder.

Der Schock

Es gibt so viele Anlässe, unzufrieden zu sein
so viele Bedürfnisse, die erfüllt werden wollen
so viele Ziele zu verfolgen
so viele Probleme zu lösen
so viel Vergangenheit, die du gern verändern möchtest
so viele Ängste vor der Zukunft.

Kein Wunder, dass du dich überlastet fühlst
wie ein Reisender, der zu viele Taschen trägt
zu viele Wege zu wählen hat
der immer wieder stehen bleibt, um sich auszuruhen
bis er nicht mehr weiter kann und zusammenbricht.

Wie kannst du jemals glücklich sein?
Das Leben ist so anstrengend und kompliziert.

Doch dann – der Schock einer Erkrankung oder eines Unfalls.
Der Tod schleicht sich von hinten an, versetzt dir hinterrücks
einen harten Schlag
der dich aus deiner Erstarrung weckt.
Plötzlich löst der Nebel sich auf
und du siehst den schmalen Grat, auf dem du gehst
– auf dem du schon immer gegangen bist –
zwischen Leben und Tod.

Und jetzt ist alles ganz einfach und stimmt –
das Leben ist flüchtig und zerbrechlich, über alle Maßen kostbar
und es enthält nichts, außer dem gegenwärtigen Moment
diesem wunderschönen, klaren Fluss der Erfahrung.

Und auf einmal quälen dich die Bedürfnisse nicht mehr
Schuld und Angst nagen nicht mehr an dir
die Geister der Vergangenheit erschrecken dich nicht mehr
du musst dich nicht mehr sorgen oder ängstigen.

Alles ist ausgelöscht
außer der Herrlichkeit dieses Augenblicks
und der Größe dieser Welt.
Und du begreifst, dass dies alles ist
dass darin die Erfüllung liegt
alles andere ist nur ein Schattenspiel des Geistes.

Das Licht
(unterschiedlicher Lampen)

Ich sah einen Ausbruch des Lichtes am Himmel
wie eine Blüte, die sich hinter den Wolken öffnete
und die ganze Welt mit Einklang durchflutete
glänzte wie das Meer in der Morgendämmerung.

Ich sah, wie das Licht in meinem Geist leuchtete
wie es an einem bestimmten Punkt der Stille
die Dunkelheit des inneren Raums durchbrach
wie ein Becken reinen, weißen Wassers.

Ich sah, wie das Licht durch die Augen meines Babys leuchtete –
zwei Kristalle, die in bedingungsloser Liebe strahlten
direkt aus dem goldenen Kern des Universums.
All-verströmend, all-umfassend – das Licht des Lichtes selbst.

Die Maske

Zieh dir keine Maske über, um der Welt zu begegnen
diese Maske, hinter der du dein Leben so gut spielst
die so leutselig und unterhaltsam ist
dass du immer im Zentrum der Aufmerksamkeit stehst –
eine Maske, die nicht verrutschen darf, keinen
einzigen Augenblick
weil sonst dein wahres Selbst hervortritt
und das Publikum erkennt, dass es zum Narren gehalten wurde
und seine Gunst sich in Spott verwandelt.

Die Maske macht das Leben leichter –
diesen Sturm an Eindrücken, Gedanken und Gefühlen
der dich verwirren und erdrücken kann,
dem du widerstehst hinter dem Schutz der Maske
du spiegelst die Welt als kaltes, metallisches Schild
lenkst jeden Schmerz ab, der deinen Weg kreuzt.

Und noch einfacher wird es, wenn du nicht mehr zurückstehst
und zuschaust
wenn du die Rolle wirst, die du spielst
und vergisst, dass du jemals ein anderer warst.

Doch die Maske ist wie ein Kind, das nie erwachsen wird
das sich nie selbst genügt;
du musst es mit Aufmerksamkeit mästen
und sichern, dass es der Stille und der Abgeschiedenheit nie
begegnet –
den beiden Raubtieren, die es bedrohen.

Doch schließlich wird die Maske zerspringen
wenn du die Anstrengung nicht mehr halten kannst
und wie ein erschöpfter Elternteil am Abend zusammenbrichst.

Dann wird dein wahres Selbst ins Freie stolpern
nach so langer Gefangenschaft benommen
vom Glanz der Sonne geblendet
in der Vielfältigkeit des Lebens taumelnd
nackt und offen vor dem Schrecken und dem Entzücken.

Und die Welt wird dir vertrauen
die Menschheit dich willkommen heißen
und nach und nach lassen andere in deiner Umgebung die
Maske fallen
da du dich jetzt mit einem tiefen, nährenden Strom verbunden
fühlst
der über die zerbrechliche Getrenntheit der Masken hinausgeht –
der Fülle deines eigenen Seins, der Offenheit
gegenüber der Fülle anderer und des Lebens selbst
die Ganzheit deines Seins öffnet sich
der Ganzheit des Lebens, wie es ist.

Wenn Probleme auf dich zuzukommen scheinen

Wenn Probleme auf dich zuzukommen scheinen
stürme nicht voran, um ihnen zu begegnen
als wären sie lang verloren geglaubte Freunde –
lass sie links liegen, lass sie warten.

Lass sie schlafen, bis die Zeit kommt, sie zu treffen
schenke ihnen dann die nötige Beachtung
löse sie, so gut du kannst
ziehe dann weiter, lasse sie dort
und schaue nie mehr zurück.

Oder vielleicht, wenn die Begegnung ansteht,
merkst du, dass du wartest, wartest, wartest
bis du begreifst, dass du auf einen Trick hereingefallen bist
dass es niemals ein Problem gab, dass gar nichts existiert
außer einem langen, dünnen Schatten,
den deine Gedanken werfen.

Das Ringen

Das Ringen scheint nie aufzuhören –
du denkst, die letzte Welle sei über dich hinweggegangen
und endlich kannst du dich entspannen
weniger wachsam sein und um dich schauen
doch da ist bereits die nächste Woge
die sich erhebt und auf dich zurollt.
Du seufzt auf, stählst dich gegen den Schmerz
und das Leiden lässt deine Knochen erneut erbeben.

Der Buddha irrte sich nicht –
das Leben ist ein düsterer Regenbogen
mit Millionen unterschiedlicher Schattierungen
des Leidens:
Trauma, das so tief in deinen Geist eingebunden ist
dass du es nicht finden, geschweige denn lösen kannst;
Fehlschläge, die aus der Vergangenheit widerhallen
Schrecken vor dem, was die Zukunft bringt
zerstörerische Gedanken, zu tief sitzend, um sie zu vertreiben
irrtümlich feuernde Neuronen, steigende Hormonspiegel
blanke Nerven, aufgewühlt;
zu viele Anforderungen, wie hungrige Kinder
die nach Aufmerksamkeit schreien;
zu viele unterschiedliche Informationsströme
bombardieren und verwirren dein Gehirn.
Zufriedenheit ist eine brüchige Waffenruhe
ein labiles Gleichgewicht, das ständig kippen kann.

Doch manchmal ist da zwischen den Wellen ein Moment
in dem die Zeit sich spaltet wie ein Atom

und plötzlich schwebst du jenseits des Leidens
Teil eines glitzernden Mosaiks der Bedeutung
in dem Angst nicht möglich ist.
Eine lodernde Sinfonie der Harmonie
mit der du vollkommen in Einklang bist, teilhabend –
denn die Harmonie ist, wer du bist, und sie spielt durch dich.

Und auch wenn du wieder hinabsteigen musst
verlieren die Wellen jedes Mal stetig an Kraft
das Leiden wird weniger gewichtig, leichter und dünner
wie ein Gespenst, und du siehst hindurch.

Der Druck, etwas zu tun

Der Druck, etwas zu tun, hört niemals auf
selbst wenn dein Kalender leer und alles erledigt ist,
selbst wenn du jedes Projekt erfolgreich beendest
und weißt, dass du dir das Recht verdient hast, dich auszuruhen
und deine Erfolge zu genießen, jedenfalls für eine gewisse Zeit –
doch der Druck lässt dich nicht ruhen.

Der Druck ist nie gestillt
wie ein Tier mit einem unbändigen Appetit
das jede Aktivität verschlingt und sofort einer neuen nachjagt.
Es liegt neben dir, sobald du aufwachst
es meckert und stupst dich durch den Tag
und manchmal hält es dich wach in der Nacht
flüstert ein: „Es gibt so viel zu tun"
um dich an das zu erinnern, was du heute nicht geschafft hast
was darauf wartet, morgen erledigt zu werden.

Der Druck, etwas zu tun, überzeugt dich
dass all dieses Tun notwendig ist
dass die Gegenwart nur existiert, um der Zukunft zu dienen
dass leere Momente gefüllt werden müssen
dass die Zeit ein Feind, dein Leben ein beständiger Kampf ist
und dass jeder Erfolg – ja selbst jede erfüllte Aufgabe – nur ein kleiner Sieg ist.

Doch dieser Druck muss dich nicht bedrängen –
vielleicht hast du bereits genug getan.
Vielleicht gibt es nichts mehr zu tun
als das, was notwendig ist.

Vielleicht verwässern neue Erfolge nur
was du bereits erreicht hast.

Bleibe standhaft und widerstehe dem Impuls
trete zurück und lass' den Reiz verklingen.
Entspanne dich und lass' den Druck vorüberziehen
und bringe dich sanft zum Innehalten
wie ein Zug, der langsamer wird und schließlich stehen bleibt.

Dann wird dein Leben sich öffnen, wie eine
Landschaft, die dich umgibt
und die Zeit wird sich ausdehnen, bis es keine Zeit mehr gibt
nur noch frei fließenden, ununterbrochenen Raum.

Dann wird der Druck, etwas zu tun, abgelöst
von der Leichtigkeit und Anmut des Seins.

Der Fall

Manchmal tut sich eine Lücke zwischen den Gedanken auf
sobald eine Kette der Assoziationen abgespult ist
und der Geist einen Augenblick lang innehält
und umhertastet, nach einer neuen Geschichte,
die er spinnen kann –
nur eine kleine Lücke, ein Millimeter etwa
aber vielleicht ertappst du dich dabei, wie du zwischen die
  Gedanken fällst
wie zwischen die Sprossen einer Leiter
zuerst verängstigt, fürchtest du, auf dem Boden aufzuschlagen
bis du merkst, dass es keinen Boden gibt.

Du spürst den endlosen, leeren Raum unter dir
aber es gibt keine Angst, keinen Schwindel –
denn du fällst nicht, sondern schwebst
außer Reichweite der Schwerkraft
ein Astronaut des inneren Raums.

Entspanne dich und fühle dich getragen
staune über die Unermesslichkeit deines Seins
jenseits deines Gehirns und deines Körpers
erstrecke dich in alle Richtungen, ohne etwas zu berühren
schwebe überall, ohne dich zu bewegen.
Sein ohne Identität.

Das Meer

Es fühlt sich so richtig an, in das Meer einzutauchen
zur Quelle des Lebens zurückzukehren
sich in die Arme des Geliebten zu begeben
und im Einssein zu verschmelzen.

Welle nach Welle, unablässig,
zermahlt mich zu feinem Sand, küsst mich
eiskalte, anschwellende Bergketten
schneebedeckt, lawinenartig, peitschend.

Wie ein erleuchtetes Wesen befriedet das Meer den Geist
stillt alles in seinem Tosen
reduziert Probleme zur Bedeutungslosigkeit
und Gedanken zu einem fernen Flüstern.

Im Meer brechen alle Gegensätze zusammen –
eiskalte Lava, die spuckt und kocht
peitschende Wellen, die sanft berühren
das Getöse völliger Stille.

Und ich spüre seine Lebendigkeit
die kalte Umarmung eines lebendigen Wesens
ein Lebewesen, das über die Haut der Erde quillt und
einatmet, ausatmet.

Raum

Ohne Raum gibt es keine Musik, nur
misstönende Klänge.
Ohne Raum gibt es keine Sprache, nur
sinnlose Geräusche.
Raum webt Muster der Bedeutung
atmet Ordnung in das Chaos
und durch die Harmonie der Form hält er Strukturen zusammen.

Ohne Raum ist auch das Leben bedeutungslos –
ein Getöse unablässiger Aktivität
so vollgestopft mit Anforderungen, dass du die Sicht verlierst
so überladen mit Verantwortlichkeiten, dass du die Richtung
verlierst
und schließlich verlierst du dich selbst.

Doch sobald der Raum dein Leben durchzieht
bilden sich Formen heraus, zeigen sich Muster
und deine Sicht wird klarer, vor einem leeren Hintergrund,
und du spürst deine Aufgabe wieder und
kehrst auf deinen Weg zurück.

Und wenn Raum dein Sein erfüllt
beginnen die Misstöne in dir abzuklingen, das Chaos klärt sich,
als ob ein Strom der Leichtigkeit durch dich fließt.
Du fühlst dich leerer und weiter werden
bis du offen und ganz bist, unbegrenzt
und die Weite deines Seins
sich mit Eintracht und Bedeutung füllt.

Das Lächeln

Im Moment einer grausamen Enttäuschung
wenn du verstehst, dass deine Hoffnungen Illusionen waren
und du dich deiner Gutgläubigkeit schämst
wenn du mit der Welt haderst, die dich hat zappeln lassen
mit dir haderst, weil du dieses alberne Spiel so lange
  mitgemacht hast
und deine Zukunft jetzt düster und leer wirkt
ohne diese Filter der Täuschung
wenn du die Trümmer deines Lebens überschaust
dich fragst, ob du jemals derjenige warst, für den du dich
  hieltest.

Vielleicht spürst du aber einen Teil von dir
der kein Teil davon ist
der außerhalb dieses psychischen Sturmes steht
vom Chaos unberührt
der durch die Trümmer und Wolken des Staubes späht,
  der weiter schaut und lächelt –
der weiß, dass diese Zerstörung nur oberflächlich ist
nur deine Fassade trifft, nicht jedoch das Fundament
und wenn der Schutt abgetragen ist
gibt es innen mehr Raum
durch den deine Essenz hindurch strahlen kann.

Es ist nicht nötig

Es ist nicht nötig, dich mit Luxus zu umgeben
dir immer nur das Beste von allem zu gönnen
Metallkühlschränke, Designertaschen
die Modefarben der Saison, den Wagen des Jahres
um anderen zu zeigen, wie besonders du bist.

Es braucht keine tägliche Dosis guter Nachrichten
um deine Stimmung zu heben, wenn du niedergeschlagen bist.
Du brauchst keine Komplimente, Geschenke
oder ein flirtendes Lächeln quer durch den Raum
damit du glücklich mit dir selbst bist
oder die stündliche Dosis eines Vergnügens
um deine Gehirnzellen zum Bizzeln zu bringen.

Es ist nicht nötig, stets das richtige Wort zu finden,
charmant zu sein, amüsant, modisch
so dass Fremde dich bemerken und Freunde dich noch mögen.
Es ist nicht nötig, etwas vorzutäuschen oder dich zu beweisen
um dich selbst zu achten.

Es ist nicht nötig, die Stille
mit dem Rauschen von Radio oder Fernseher zu übertönen.
Es ist nicht nötig, den leeren Raum
mit unnötigen Tätigkeiten zu füllen
oder mit Worten, die nichts bedeuten
oder Aufgaben, die keinen Sinn haben
außen dem, den leeren Raum zu füllen.

Es ist nur nötig, dir selbst zu begegnen

die Misstöne in dir ausklingen zu lassen
und die Stille darunter zu finden
jenen Ort, an dem du längst ganz bist
wo es nicht nötig ist, zu suchen oder sich zu mühen
weil es dort keine Not gibt.

Ein Augenblick ohne Gedanken

Ein Augenblick ohne Gedanken
die Hintergrundgeräusche verschwinden
und plötzlich kann ich
die Stille zwischen den Klängen hören
die Stille auf der Unterseite der Klänge
aus der alle Klänge hervortreten
wie Wellen aus dem Meer.

Ein Augenblick ohne Gedanken
und der Nebel löst sich
und die Welt ist voll von
durchscheinendem Licht
mit immer neuen Einzelheiten
mit neuer Klarheit, Farbe und Tiefe.

Ein Augenblick ohne Gedanken
und diese Straßen der Vorstadt
sind eine unberührte, neue Welt
wie ein Garten, der von Tau funkelt
am Morgen nach der Schöpfung
als wäre die Hülse des Bekannten
aufgebrochen und abgefallen
und hinterließe nackte Ursprünglichkeit.

Ein Augenblick ohne Gedanken
und ich stehe nicht mehr einzeln
bin keine Insel mehr, sondern Teil des Meeres
kein statisches Zentrum mehr
sondern Teil eines fließenden Stroms.

Ein Augenblick ohne Gedanken
und der Zug kommt zwischen zwei Stationen zum Halten
und es hat niemals Bewegung, nie Gleise gegeben.
Ein Augenblick wie ein Wurmloch
das sich grenzenlos ausweitet
als ginge ich durch ein enges Tor
in eine endlose, offene Ebene –
das Panorama der Gegenwart.

Und diese neue Welt der Nicht-Gedanken
ist weder fremd noch ungewohnt
sondern ein von Güte durchwehter Ort
und sanft schimmernde Energie füllt jede Lücke
und das Sonnenlicht ist das durchdringend weiße Licht
des Geistes.
Der tiefste, vertrauteste und wärmste Ort –
der Boden, in dem ich wurzele.

Du musst nicht denken

Du musst nicht denken.
Du musst nichts vorwegnehmen, bevor du handelst
musst keinen laufenden Kommentar abgeben, während du agierst
und musst deine Handlungen danach auch nicht überdenken
während du zur gleichen Zeit die Handlungen anderer verfolgst und kritisierst.

Du musst mit dir selbst auch nicht über Handlungen hadern
die bereits vor Jahrzehnten geschahen
oder uralte Verletzungen auferstehen lassen
die noch immer das Feuer der Kränkung und des Hasses entfachen.
Du musst dir keine Fantasiewelten zusammenspinnen
um deine geheimen Wünsche zu befriedigen.

Du musst nicht hilflos von der Seite zuschauen
während dein Geist sich immer schneller dreht
und sinnlos Dissonanzen schafft und kostbare Kraft vergeudet.

Du musst nicht denken
außer, wenn Gedanken notwendig sind
außer, wenn dein Bewusstsein aufgefordert wird
nachzudenken, zu analysieren oder zu organisieren
oder wenn du deiner Vorstellungskraft freien Lauf lässt
so dass neue Ideen und Einsichten auftauchen können
aus den tieferen Strömungen deines Bewusstseins.

Gedanken sollten ein Werkzeug sein
das wir aufnehmen, wenn es gebraucht wird,
das wir wieder niederlegen
das unsere Ruhe nicht stört.

Ansonsten gibt es keinen Grund, dass Gedanken
die natürliche Stille deines Geistes stören
die Reinheit der Erfahrung verwässern
die Wirklichkeit durch Deutung trüben
die Gegenwart mit der Vergangenheit verwechseln
und sich in die Impulse einmischen, die sanft
aus den stillen Anteilen in dir fließen
die es besser wissen, als du denkst.

Es ist Zeit, mit dem Ringen aufzuhören

Es ist Zeit, mit dem Ringen aufzuhören
wie ein Pferd, das mit Scheuklappen vorwärts rast.
Es ist Zeit, mit dem Anstürmen aufzuhören
wie ein irrer Entdeckungsreisender, der sich sein Versagen nicht eingesteht
überzeugt, der einzige Grund, wieso es nicht weitergeht
läge darin, dass er sich nicht genug bemüht.

Es ist Zeit, aufzugeben
dieses endlose Bemühen, jemand zu werden
und anzunehmen, dass dies alles ist, was es gibt
und es nichts zu verlieren oder zu gewinnen gilt
dass, wenn dieser Augenblick nicht ausreicht
kein Moment es je wird
und du, wenn du mit diesem Augenblick nicht Frieden schließt
immer Krieg führen wirst.

Es ist Zeit, mit dem Versuch aufzuhören
die Welt nach deinem Willen zu verbiegen
das Geschick nach deinen Wünschen zu verdrehen
sondern dem Leben zu erlauben, sich zu entfalten
mit einer allmählichen, natürlichen Anmut, wie der Frühling.

Es ist Zeit, mit dem Schwimmen aufzuhören
und sich vom Fluss tragen zu lassen.

Wieso ringst du so hart
wenn du so leicht fließen kannst?

Wenn du dich verlierst

Wenn du dich dabei ertappst, dass du fragst
was du mit der ganzen Zeit machen sollst
und du dich um Verabredungen bemühst
um die beunruhigende Leere zu füllen.

Wenn du merkst, dass du dir wünschst, ein anderer zu sein
und du neidisch auf die Seiten einer Zeitschrift starrst
und dir etwas Besseres oder mehr wünschst.

Wenn du dich dabei ertappst zu spüren dass etwas nicht stimmt
aber du weißt nicht was
und das Alleinsein dich verunsichert
als wäre der Raum erfüllt von rastlosen Geistern.

Wenn du merkst, dass sich dein Geist an zukünftige Träume
klammert
etwas zu sehr dem Urlaub entgegenfiebert
und du die Gier nach Lärm und Trubel verspürst
in die du eintauchen und dich vergessen kannst –

Es ist nur ein Zeichen, dass du dich verloren hast
dass du dich in einem Nebel aus Sorgen und Verpflichtungen
befindest
der sich in deinem Geist ausbreitet
der zwischen dir und der Wärme des Lichts steht
und dem offenen Strahlen des Seins.

Es ist nur ein Zeichen, dass du dich zu sehr angetrieben hast
und jetzt ausgetrocknet bist wie ein Fluss im Sommer

und du den Ozean nicht mehr erreichst.

Du musst nichts tun –
du musst Nichts tun
um dich aus dem Lärm und dem Stress zu erheben
bis der Nebel sich klärt
und dein Sein in der Stille ruht
und die Verbindung wieder auftaucht.

Die Nacht ist lebendig

Ich erwache in einer wässrigen Dunkelheit
in der nur wenige Sterne hell genug sind
den orangen Lichtschein zu durchdringen
der diese grauen, geometrischen Straßen erfüllt.

Doch die Nacht ist lebendig.
Der Raum vom Boden bis zum Himmel
ist erfüllt von einem knisternden, elektrischen Nebel –
Teilchen, die wirbeln und aufeinanderprallen
und sich in das Netz der Existenz ein- und ausweben.

Das Rauschen einer kosmischen Strahlung
von der ersten Millisekunde der Schöpfung
das jeden Moment danach umfasst.
Jedes zerstiebende Atom treibt durch seinen eigenen
endlosen Ozean,
und singt von seiner ursprünglichen Einheit.

Die Wildnis

Es braucht Mut, sich der Wirklichkeit zu stellen –
es ist so leicht, in Unkenntnis zu leben
sich im Nebel der Ablenkungen zu verlieren
im lauwarmen Funkeln der Vergnügungen
oder im Strom endloser Aktivitäten
damit du stets darin versunken und beschäftigt bist
und es keine Zeit gibt, dich zu fragen, wer du bist.

Es ist so einfach, sich hinter Glaubenssätzen zu verstecken
Schutz hinter dicken Schichten der Illusion zu suchen
sich in einer Geschichte zu verlieren
die auf alle Fragen eine Antwort weiß
und alle Lücken füllt, in denen die Angst wachsen könnte.

Es braucht Mut, sich nackt und leer zu zeigen
ohne Ablenkung oder Rückendeckung
und die kalte Luft der Wirklichkeit auf der Haut zu spüren
das, was wie eine Wildnis wirkt, zu überblicken
und dich selbst zu fragen: „Wo bin ich?
Was soll ich hier tun?"

Doch warte – harre aus, und bald schon wirst du dich
eingewöhnen.
Diese Höhenlage wird dich inspirieren
die kalte Luft dich erfrischen
die Stille dir Ruhe geben
diese Einsamkeit wird sich mit dir selbst verbinden
und die Leerheit, von der du dachtest, dass sie dich versteinert
wird zu einem gemütlichen Heim.

Die Wildnis ist eine Oase
der du nicht zu entkommen brauchst.

Der sanfte Glanz

Wieso dagegen ankämpfen, dass du den Glanz der Jugend
verlierst?
Wieso der Versuch, einen Prozess zu hemmen, der nicht
anzuhalten ist?
Du klammerst zu sehr, darum bist du erschöpft;
auf deinem Gesicht liegen Falten der Anspannung, nicht des
Alters.

Aber selbst wenn deine Form sich ein wenig verändert hat
selbst wenn die Oberfläche leicht abgenutzt und
verschlissen ist –
dein Wesen ist reich und tief
genährt von Erfahrung und Einsicht
und nun entströmt dir ein anderes Licht:
ein voller, sanfter Glanz, wie Sonnenlicht im Herbst
das weiter reicht und tiefer berührt
als der grelle, verwirrende Glanz der Jugend.

Warum lässt du diesen Glanz nicht vollständig erstrahlen
anstatt des Versuchs, ein verblasstes Licht neu zu entfachen?

Veränderung, der du widerstrebst, führt zu Verfall.
Doch bringt sie, wenn du sie begrüßt
und dahinströmst
mit ihr, Wachstum und Erneuerung.

Die Festung

Du dachtest, es ginge darum, etwas anzuhäufen
deinen inneren Raum zu kolonisieren
und dich aufzubauen, Stein um Stein
bist du vollendet wärst und undurchdringlich
stark genug, der Welt entgegenzustehen.

Doch jetzt weißt du, du wurdest getäuscht –
so niedergedrückt, dass du dich kaum bewegen kannst
so mit Identität überladen
dass die Verbindung mit deinem Kern verloren ging
deine Grenzen so dick und fest
dass deine Seele kaum noch atmen kann.

Aber es ist immer noch Zeit, deine Seele zu entrümpeln.
Sei nicht rührselig – wirf alles weg.
Zerlege die Festung, Stein um Stein.
Zerbrich dich selbst zu Nichts –
werde zur Leerheit, die du schon immer warst.

Die ursprüngliche Seele

Anfangs warst du niemand
eine ursprüngliche Seele, ein offener Raum des Seins
bis sie dich in der Wildnis entdeckten.

Sie brachten dich in die Stadt, zivilisierten dich
gaben dir eine Identität.
Sie lehrten dich ihre Zeichen und Symbole
gaben dir eine Religion, eine Nationalität
und drückten dir eine Liste mit Regeln in die Hand.
Sie zeigten dir ihre alten Traditionen
und meinten, die hättest du nun zu pflegen.
Sie gaben dir eine Geschichte und eine Bestimmung,
machten dich zu einer Figur in ihrer Erzählung.

Sie wiesen dich auf deine Brüder und Schwestern hin
sagten dir, du wärest anders, besonders
lehrten dich, Stolz und Treue zu empfinden
und argwöhnisch gegenüber allen zu sein
die andere Regeln und Traditionen
andere Zeichen und Symbole kennen
deren Leben weniger wertvoll sei als deines.

Und schließlich waren sie zufrieden
weil du ihnen vollständig gehörtest.
Und doch ist es nicht wahr – manchmal spürst du es in
deiner Tiefe
wie das Flüstern einer weit entfernten Stimme, die der Wind
zu dir trägt;
eine schwache Erinnerung an dein ursprüngliches Sein,

die Sehnsucht nach Rückkehr.
Du weißt, der ursprüngliche, offene Raum in dir ist immer noch da
unter all diesen Schichten der Identität –
unzerstörbar, unveränderlich.

Womöglich wirst du jetzt, da du die Kraft hast, dich selbst wiedergewinnen
vielleicht reif genug sein, wieder zum Kind zu werden.

Trete also aus der Geschichte heraus –
entlasse dich aus jenen alten Regeln
schüttle die alten Traditionen ab
erkläre dich von Vergangenheit und Zukunft befreit
entdecke deine eigene Reise
und erschaffe deine eigene Wirklichkeit.

Sage den Deinen, dass du immer noch zu ihnen gehörst
aber auch Mitglied einer größeren Gruppe bist, der auch sie angehören –
eine Gruppe ohne Regeln oder Grenzen
die ohne Ausschluss alle aufnimmt.

Sage den Deinen, es stehe zu viel auf dem Spiel
und die Menschheit dürfe nicht länger zersplittert sein -
denn unsere Bruchstücke hätten die Welt
schon zu sehr gezeichnet.

Sage den Deinen, du hättest neue Augen
die den tiefen Ozean der Verbundenheit erkennen
unter den wechselhaften Wellen an der Oberfläche.
Dann kehre zurück in die Wildnis, aufs Neue nackt und leer
und tanze mit ursprünglicher Freude.

Aus dem gleichen Stoff

Wie können wir getrennt sein
wenn wir doch aus dem gleichen Stoff sind, Körper und Seele
Verbindungen derselben Atome
und Kanäle derselben Seelen-Kraft?

Lasst uns wie Kinder sein
deren Wesen zu leer ist
um mit Unterscheidungen gefüllt zu sein
zu offen, um in Vorurteilen festzustecken
zu fließend, um durch Konzepte blockiert zu werden –
so vollständig und so verbunden, dass sie
keine Festungen der Identität errichten müssen.

Was trennt uns eigentlich?
Doch nur die Illusion einer Identität –
die Illusion der Getrenntheit.

Tod, der geheimnisvolle Fremde

Du weißt, der geheimnisvolle Fremde wird kommen und dich abholen.
Du weißt, du hast eine Verabredung, aber du weißt nicht, wann.
Hin und wieder begegnet er dir, wenn er seinem Geschäft nachgeht
aber du achtest darauf, ihm nicht in die Augen zu sehen, du antwortest nicht, wenn er spricht.
Es gibt so vieles, was du hier liebst
so viele Menschen und Orte und Vergnügungen, denen du zugetan bist
und so viele Ziele, die du noch erreichen, so viele Pläne, die du noch verwirklichen willst.
Wieso sollst du all das verlassen wollen?
Vielleicht wird er, wenn du ihn verdrängst, auch dich vergessen.

Doch die Verdrängung lässt deine Angst nur wachsen –
eine Angst, zu unterschwellig, um sie zu spüren
wie Giftgas, das sich langsam in deinem Wesen ausbreitet
das deine Gedanken in Angst hüllt.
Ein Schrecken im Hintergrund, vor deiner eigenen Vernichtung
der jedes Geräusch verdächtig macht
jede Bewegung bedrohlich und jeden Augenblick zur Last
während der geheimnisvolle Fremde sorglos umherwandelt
unbekümmert und deiner kaum bewusst.

Lasse ihn nicht länger unbeachtet –
wende dich dem Fremden zu, umarme ihn, lasse ihn an deiner Seite gehen,
und er wird dir seine wahre Identität enthüllen:

ein Magier, der dein Leben verwandeln kann
dir die Kraft einer Perspektive und die Magie einer neuen Bedeutung verleiht
der Teilnahmslosigkeit in Sinn verwandelt
steinkalte Stunden in lichte, wertvolle Momente
die Wüste eines abgestumpften alten Mannes in die neue Welt der Wunder eines Kindes.

Und wenn der geheimnisvolle Fremde sich dir schließlich zuwendet und dir zunickt
wirst du gegen den Tod nicht ankämpfen, sondern freiwillig gehen.
Du schreitest über die Grenze und trittst in sein rätselhaftes Königreich
dort, wo alles Feste und Getrennte sich auflöst
und das sanfteste, klarste Licht dich umfängt
und neue Dimensionen sich um dich entfalten
dich mit neuem Wissen überfluten (das du jedoch schon immer hattest)
und du lächelst friedlich, weil du erkennst
dass dieses Königreich deine Heimat ist
und diese Reise niemals endet.

Der große Diktator

Ein Schreck der Stille in deinem Geist
ein plötzlicher, alarmierender Ausfall
des immer gegenwärtigen Plapperns
und des immer gegenwärtigen Drucks
und des immer gegenwärtigen Egos –
ein überfülltes, lärmendes Auditorium
ist plötzlich gänzlich leer.

Der verrückte Diktator, der dein Leben kontrollierte
der an deiner Seite stand, urteilte, kritisierte
der in jeden Impuls eingriff
der jede Situation verzerrte
ist auf rätselhafte Weise verschwunden –
   zumindest gerade jetzt.
Sein riesiger Palast ist mit einem Mal entvölkert
sein überladenes Bett leer und ungemacht
sein überreiches Frühstück steht halbgegessen da
seine Minister sind aus dem Land geflohen.

Und die schwere, schwüle Atmosphäre der Unterdrückung
   hebt sich
die Luft, die mit Misstrauen und Furcht erfüllt war
streicht sanft über dein Gesicht
und dein ganzes Wesen, geballt wie eine Faust
entspannt sich und öffnet sich dem frei fließenden Raum.

Jetzt bist du frei
diese merkwürdige Stille zu genießen
die von außerhalb der Grenzen deines Selbst einsickert

diese Stille, die mehr ist als ein Mangel an Geräuschen
diese Stille, die mehr ist als ein Mangel an Aktivität –
eine lebendige, unbewegte Stille, ein Kraftfeld
durch das zarte Energien fließen.

Vielleicht wird der Diktator die Macht wieder an sich reißen
oder ein anderer Verrückter nimmt seine Stelle ein
doch jetzt, da du diese Stille gespürt hast
jetzt, da du weißt, wie weit und still du bist
kann das Leben nie wieder dasselbe sein.

Der Diktator wird dich nie wieder gänzlich kontrollieren;
ein Teil von dir wird sich ihm immer entziehen.
und Freiheit wird immer in dir glimmern.

Das sanfte Wiegen des Todes
(für Ian Smith)

Wie konntest du so plötzlich verschwinden
dich in der Nacht davonmachen, ohne uns davon zu sagen
uns zurücklassen, die wir fassungslos
benommen auf die Leerstelle blicken, die du fülltest?

Wie können wir hinnehmen
dass es keinen Weg gibt, dich aufzuspüren
um dich zurückzubringen, damit du dich deinen Aufgaben
wieder stellst?

Wie können wir hinnehmen
dass das ausgedehnte Gebäude deines Lebens –
all diese verborgenen Gänge und verwinkelten Hallen
und die Zimmer, die du mit uns teiltest –
über Nacht verschwunden ist, spurlos
fast so, als hätte es nie gestanden?

Doch unter der Traurigkeit liegt eine merkwürdige Euphorie
eine Mitfreude.
Ich spüre ein sanftes Wiegen
wie das Auf und Ab des Wassers, ausgelöst von einem
weit entfernten Schiff:
irgendwo in meiner Nähe, unsichtbar
löst sich dein Bewusstsein auf
deine Identität breitet sich langsam aus
du, dieser einzelne, statische Punkt, schmilzt
wie Eis hinein ins Meer.

Und ich kann dein Erstaunen spüren
über diese Reise, die du nicht erwartet hattest
deinen Gesichtsausdruck einer ehrfürchtigen Ekstase
während du hindurchgehst
auf deinem Weg in das Ganze.

Das Abladen

Bist du bereit, dich selbst aufzugeben?
Bist du soweit, deine Anhaftungen abzuladen
auf Status und Erfolg zu verzichten
und alle Bestrebungen aufzugeben?
Bist du bereit, aus diesem lebenslangen
Projekt der Anhäufung herauszutreten
und dein Herrschaftsgebiet zerbrechen zu lassen?

Eines Tages wirst du loslassen müssen, ob du willst oder nicht
bereite dich also bereits heute darauf vor, wie eine Reisende
die weiß, dass sie bald aufbrechen wird
die anfängt, alle Verbindungen abzubrechen, ihre Aufgaben abtritt
und ihren Besitz verschenkt.

Wenn dann der Tag deines Aufbruchs kommt
wirst du an dem, was du zurücklässt, nicht anhaften
deine Seele wird nicht von Verlangen erfüllt sein
oder niedergedrückt durch Bitterkeit oder Bedauern.
Stattdessen wirst du leer sein, friedvoll und leicht
bereit, frei zu fließen.

Die Bäume

Ich weiß, die Bäume sprachen zu mir –
zwei starke Eichen, die über die Mauer des Bahnhofs ragten
während der Zug wartete
ihre Blätter leuchteten in einem tiefen, satten Grün
ihre Äste wiegten sich sanft im Wind.

Sie wirkten wie Gurus, still und gelassen
neigten sie sich aus einer älteren Welt herüber.
Und sie sagten: „Mach langsamer –
strebe nicht nach dem, was für dich unerreichbar ist.
Jage dem Licht nicht so unbarmherzig hinterher
um nicht zu stolpern und den Halt zu verlieren.
Warte, bis die Sonne von selbst sich zeigt."

Einen Moment hielten sie inne und flüsterten dann:
„Lasse die Zukunft nicht deinen Geist aufrühren.
Die Gegenwart hält genügend Glück für alle bereit.
Schaue nicht nach vorn, schau dich um –
nimm hin und sei zufrieden."

Der Zug riss mich fort
bald schon eilten wir wieder die Gleise entlang
doch mein Geist war vollkommen bewegungslos
und stand still, dort, bei den Bäumen.

Ich bin ewig dankbar

„Jetzt, da du das Leben kennst
hättest du dich entschieden, geboren zu werden?",
fragte mich einmal ein pessimistischer Freund.
Wie überrascht schien er, als ich sagte: „Natürlich!"

Heute Morgen dachte ich wieder über diese Frage nach
an diesem ekstatischen Herbstmorgen
der mich mit Bestätigung und Bejahung erfüllt
dieser Morgen eines gleißenden, astralen Sonnenlichts
das die ganze Welt durchlässig macht
und dieser Himmel, blauer als jedes Blau
der die sanfte, stille Reinheit des Geistes selbst enthält
und die schäumenden, aufballenden, durcheinanderwirbelnden
Wolken
die rangeln und ringen wie junge Frühlingslämmer.

Ja, ich bin dankbar, geboren zu sein.
Ich bin ewig dankbar
für das Geschenk dieses kurzen Lebens
dankbar, ein Gast von Zeit und Raum zu sein
auf dieser freigiebigen, wunderbaren Erde
um die Süße der Materie zu schmecken
um die Festigkeit von Form und Fleisch zu spüren.

Ich bin ewig dankbar
ewig zu sein
nie geboren zu sein
und nie zu sterben.

Ich bin einer der Freien
(für meine Vorfahren)

Nach Jahrhunderten der Dunkelheit
bin ich nun im Licht.
Nach Jahrhunderten der Gefangenschaft
bin ich nun befreit.

Ich bin einer der Freien
stehe am Ende einer langen Reihe von Sklaven
Weber und Bergarbeiter
dem Tageslicht entfremdet
die sich in schlechter Luft schinden
vom Geratter der Webstühle betäubt
Lungen, die sich mit Baumwollstaub füllen
einander rüttelnd, um wach zu bleiben
(denn sie erwachten nie wieder, wenn sie einschliefen)
und Schatten, die durch die Unterwelt krochen
langsam erstickten, während sie die Flöze abtrugen
in einer Finsternis, die vor Gefahren glühte.

Und vor ihnen: Bauern und Leibeigene
die den Winter über froren und hungerten
über Pflüge und Sensen gebeugt
an ein Stück Land ihres Herrn geknechtet
durch endlose Jahrhunderte des Stillstands
von Fürsten und Königen zusammengetrieben wie Vieh
um für ein paar Flicken Land zu kämpfen
während ihre Familien und Felder verrotteten.

Generationen, heimgesucht von Krankheit und Tod
gezeichnet von Angst und Verlust
gebrochene Eltern, die ihre Kinder begraben
verwaiste Kinder, betäubt und verwundet
schutzlos einer unbarmherzigen Welt preisgegeben.

Eine ganze Welt der Möglichkeiten
geschrumpft zu einem kleinen, finsteren Kreis der Hölle
Seelen wie Flüsse, tief und reich
vertrocknet zu trüben Tümpeln.

Freiheit ist nicht immer leicht –
zu viele Möglichkeiten verwirren dich vielleicht
du fühlst dich ausgeliefert, wenn der Raum zu offen steht
wie Soldaten am Ende eines Krieges
verunsichert von der Stille und Ruhe –
fühlst dich vielleicht schuldig, dass du deine
Freiheit nicht verdienst.

Doch was sollten wir anderes tun, als ihnen dankbar zu sein
dafür, sich durch diese Jahrhunderte gekämpft zu haben
um dieses Fenster des Lichts aufzustemmen?
Und wir können hineinwachsen, sie zu verdienen,
indem wir sie nutzen.

Wir schulden es ihnen, diese Chance nicht zu vertun
sie nie für selbstverständlich zu halten
und immer die frische Luft und das Licht wertzuschätzen
und die Freiheit zu sein statt einfach zu tun,
anzuhalten, zu schauen und zu betrachten
und vor allem, die Freiheit, uns zu entfalten
Tiefen zu erforschen, die ihnen verschlossen waren.

Möglichkeiten freizusetzen, die in ihnen aufgestaut waren
und uns selbst ins Fließen zu bringen, so schnell und so weit wir
können
und zu versuchen, die Dunkelheit zu erhellen
die immer noch das Leben anderer erfüllt.

Das Spiel

Am Neujahrsabend stehe ich auf einem Hügel
schaue zu, wie die Wolken zusammenprallen und
ineinanderfließen wie Wellen
und der Vollmond webt sich durch sie hindurch
zeigt manchmal sein schönes, strahlendes Gesicht
um es dann wieder schüchtern zu verhüllen.

Eine Sekunde lang ein blassgrauer Himmel
dann reißt er auf, und plötzlich sind die Wolken majestätisch
als ob die Große Göttin durch sie blickt
und sie mit einem weißen Strahlen erfüllt.
Dann schlägt die Riesenpforte zu
und das Licht ist plötzlich ausgeblendet.

Es kommt mir vor, als würde ich mich hinter Büschen in der
Steppe verstecken
und einem atemberaubenden Ritual beiwohnen
zwei Tiere, in ein exotisches Spiel vertieft
jagend oder sich paarend, vielleicht beides –
das Spiel des Mondes und der Wolken.

„Wie unglaublich, das mitanzusehen", denke ich.
Dann, plötzlich, bricht der Abstand zusammen
meine Seele scheint zu schmelzen, wird flüssig
um sich auszubreiten und sich im Raum zu verteilen
bis ich schwebe, so hoch wie die Wolken
so weit wie der Raum zwischen ihnen
selbst, wenn ich noch immer in der Erde verwurzelt bin.

Es gibt keine Notwendigkeit, nach oben zu schauen
oder gar zuzuschauen
da ist niemand, der schaut
keine Zuschauer
nur das Spiel.

Kannst du mit nichts glücklich sein?

Kannst du mit nichts glücklich sein?
Ohne dich nach dem Glück zu sehnen
ohne Vergnügungen und Unternehmungen
um dich vom Unglück abzuhalten

ohne Projekte, die dich stimulieren
durch die Lockung des Erfolgs
durch den du spürst, dass du dich mehr und mehr
dem Glück näherst

ohne weiteren Besitz anzuhäufen
oder auf der Erfolgsleiter aufzusteigen
ohne deinen Wohlstand und Status vorzuführen
um andere davon zu überzeugen – auch dich selbst –
dass du glücklicher bist als sie?

Wenn nicht, dann ist dein Glück stets nur geliehen
aus zweiter Hand und oberflächlich
wie eine Decke, die schnell weggezogen wird
und dich kalt und leer und voller Verlangen zurücklässt.

Aber du kannst durchaus mit nichts glücklich sein.
Es gibt ein Glück, das keine Ursache hat
das sich weder aus dem Konsum noch aus dem Anhäufen speist
das nicht betrügt oder enttäuscht oder schnell vergeht:
das Wohlsein des Seins an sich
das einfach nur ist – und immer da ist.

Ein tiefes, reiches Glühen der Ganzheit
eine sanfte und feine Kraft der natürlichen Freude
wie ein gleichförmig fließender Fluss, dessen Quelle du selber bist.
Ein Wohlergehen, dem du nicht nachjagen, das du einfach nur aufdecken musst
um das du dich nicht bemühen, das du nur zulassen musst.

Trete aus dir hervor

Du bist nicht der Mittelpunkt der Welt.

Wieso sollten deine Probleme so wichtig sein
wenn ein endloser Raum dich umgibt
eine Ewigkeit an Zeit direkt vor und hinter dir
und 7 Milliarden weitere Seelen, die dieses Ringen mit
dir teilen –
7 Milliarden weitere Zentren
mit ihren eigenen Ansichten und Sorgen
die mindestens genauso schwer wiegen wie deine?

Trete aus dir hervor.
Leere diesen vollgestopften Raum
und öffne die Fenster weit
so dass der Wind hindurchblasen kann.

Trete beiseite und überlasse die Führung
einer Kraft, die stärker ist als dein Leiden
einer Sache, die dich aufnimmt
und dich weit über diese beengte Realität emporhebt
da hin, wo diese Welt der geistigen Tumulte fast zu nichts
zusammenschrumpft
während dein Wesen sich ausbreitet und streckt, zu allem wird
bis du nicht länger der Mittelpunkt der Welt bist
sondern ein fließender Ausdruck des Ganzen.

Die Welt wird wiedergeboren

Die Welt wird in jedem Augenblick wiedergeboren
erhebt sich aus dem Nichts wie ein Wunder
neu geschaffen, frisch, namenlos,
schimmernd in ihrer fremdartigen Schönheit.

Eine zeitlose Welt, unberührt vom Denken,
noch nicht zerschnitten, etikettiert, benannt
oder von Ideen und Schubladen neutralisiert –
einfach nur rohes, ungefiltertes So-Sein.

Es ist nur unser Geist, der die Welt alt macht
der ihr unsere Gewohnheiten und Erinnerungen hinzufügt
ihr unsere faden Vorstellungen anhängt –
bis die Zeit selbst schließlich müde ist
und jeder Tag mit Langeweile durchhängt.

Doch in der Wiedergeburt der Welt werden auch wir
wiedergeboren –
jeder Augenblick ist ein neuer Anfang
eine Begnadigung der Vergangenheit
eine Chance, uns neu zu erschaffen
unsere Begrenztheit abzuschütteln
um diese lichte, neue Welt zu erforschen.

Der Anfang des Universums

Wenn zwei Liebende zusammenkommen
und zwei Zellen aufeinandertreffen und verschmelzen
ist das ein winziger Urknall
und ein Universum beginnt.

Das mag belanglos klingen –
zwei Fremde suchen das Vergnügen
eine trunkene Affäre oder eine Gefälligkeit
die wöchentliche Pflicht einer erschöpften Hausfrau

und doch erschaffen zwei Gottheiten
eine neue Wirklichkeit
eine unglaubliche Aufgabe
eine Welt, die es zu nähren und behüten gilt.

Gase verdichten sich, Atome verbinden sich
Bewusstsein breitet sich in der strahlenden Leere aus
und langsam nimmt das Universum Form an
dehnt sich aus und kommt zur Ruhe.

Jedes Universum ist ein Versuch
ein neues Netz von Planeten und Galaxien
in das neue Muster und Möglichkeiten eingewebt sind
neue Naturgesetze, die entstehen.

Jedes Universum ist ein Abenteuer
eine Reise durch unbekannte Räume und Zeiten
tastende Schritte vorwärts, bahnbrechende Wege
die aufeinanderprallen und sich überschneiden.

Und jedes Universum ist ein Mysterium
durchzogen von verborgenen Schründen und Tunneln
brodelnd mit unsichtbaren Energien
und unbegrenzten, dunklen Potenzialen.

Und fast so schnell wie die Ausdehnung sich verlangsamt
setzt die langsame Bewegung der Entropie ein
Verbindungen zerbrechen und die
Fragmente verteilen sich
bis der ganze Organismus zerfällt und zusammenbricht.

Ein langsamer Verfall oder eine umfassende Krise
und schließlich erneut die Stille der Leere.

Die Bäume (2)

Es ist so besänftigend, zwischen den Bäumen zu wandern
auf Pfaden, die von ihren Wurzeln durchzogen sind
und bedeckt mit ihrem Laub
zu spüren, wie sie die Luft mit Leichtigkeit erfüllen –
als triebe ich auf einem sattgrünen Teich.

Doch ich spüre auch einen Hauch von Traurigkeit –
einst gehörte die Welt den Bäumen.
Wir waren nur ihre Gäste, so wie jetzt ich,
wandelten in ihrem Schatten
stillten uns wie Babys an ihren Früchten.
Den Himmel sahen wir nur durch ihre Zweige.
Zärtliche Mütter, Quelle des Lebens –
wieso brauchten wir Götter, wenn wir doch Bäume
verehren konnten?

Doch schließlich hungerten wir nach Eigenständigkeit
wiesen ihre reichlich vorhandenen Früchte ab.
Wir traten aus ihrem Schatten und rodeten Land
um unsere eigenen Früchte aus dem Boden zu schinden.
Neidisch auf ihre mühelose Herrschaft
fällten wir sie und brannten sie nieder
wie Kolumbus eilten wir durch die Neue Welt
erstaunt, wie leicht sie uns zu Füßen lag.

Und nun denken wir, die Erde sei unser.
Jene Bäume scheinen sich nicht zu sorgen –
es ist meine Traurigkeit, nicht die ihre.
Sie haben Zeit, sie können warten

bis wir begreifen, dass Eigenständigkeit eine Illusion ist
dass Identitäten nicht überleben können, wenn man sie
nicht teilt;
bis wir uns erinnern, dass wir immer noch ihre Gäste sind –
oder uns nicht erinnern und die Welt wieder ihnen überlassen –
eine zerbrochene Welt, die mit der Zeit
wieder zur ursprünglichen Harmonie heilen wird.

Das Unbehagen

Wie kannst du glücklich sein
wenn du weißt, dass etwas nicht ganz stimmt?

Ein Gefühl des Unbehagens, das schwer zu beschreiben ist –
als ob du beobachtet wirst
selbst wenn du alleine zu Hause bist
als ob jemand durch deine Sachen gewühlt hat
obwohl sich alles noch an seinem Platz befindet.

Ein Gefühl der Unvollständigkeit –
eine Verabredung, die du vergessen haben musst
eine Aufgabe, die nicht beendet wurde
oder eine Schuld, die noch nicht beglichen ist
auch wenn du alles immer wieder überprüftest
und deine Angelegenheiten in Ordnung zu sein scheinen.

Doch schau genauer hin – nichts läuft falsch.
Alles ist so, wie es sein soll.
Es gibt nichts, worüber du dich sorgen musst, keine Probleme,
die gelöst werden müssen.
Du bist vollständig sicher und frei.

Schaue in dich selbst, dort liegt die Quelle deines Unbehagens –
dein aufgewühlter Geist mit seinen verrückt umherschwirrenden
Gedanken,
klaustrophobisch wie eine enge, überfüllte Bar
in der du zwischen den Tischen eingezwängt bist
und hunderte verschiedener Gespräche hörst.

Entschleunige und halte einen Moment lang inne
bis dein Geist zur Ruhe kommt
und die Luft sich klärt
und die Wände nachgeben
und spüre, wie die Unruhe schwindet
und einer Leichtigkeit Platz macht
die wie frische Luft durch ein offenes Fenster strömt.

Spüre, wie friedvoll die Welt ist
und wie leicht das Leben sein kann.

Und lass zu, einfach zufrieden zu sein.

Der Sinn

Du kannst den Sinn nicht erklären
ihn nicht reduzieren oder in Worte pressen
ihn nicht in grundlegende Bausteine aufspalten
oder ihn an einen Ursprung zurückverfolgen.

Doch wenn du den Sinn erkennst, ist er dir klar.
Gerade wenn du vergessen hast, dass er existiert
und du eine Straße entlangfährst
und deinen Kopf zur Seite drehst
als hätte dir jemand auf die Schulter getippt
und da ist er, ausgestreckt am Abendhimmel
füllt er den Raum zwischen den Wolken.

Du öffnest die Tür, um den Müll rauszutragen
und er ist da, im Rauschen des Windes in den Bäumen
streicht er dir sanft über dein Gesicht, wie ein Geliebter.
Du legst den Kopf in den Nacken, um den Regen zu spüren
und er ist da, in unzähligen silbernen Fäden
bringt er Wohlwollen vom Himmel herab.

Deine Augen springen mitten in der Nacht auf
als wäre da ein Eindringling, ein unbekanntes Geräusch
und er ist da – in der tiefen, schweren Dunkelheit, die den Raum erfüllt
und dem Glühen einer unbewussten Zwiesprache
die deinen Partner und dich einhüllt.

Der vertrauteste vergessene Ort
Heim aus einer vergangenen Lebenszeit.

Die tröstende Gegenwart einer Mutter
und ihre wärmende Umarmung.

Die Fremdheit

Lasse dir die Welt nicht vertraut werden –
vergiss nie die äußerste Fremdheit des Lebens.

Vergiss nie die äußerste Fremdheit, die darin besteht, hier zu sein
auf der Oberfläche dieses kreisenden Erdballs
auf seinem weichen, dunklen Grund zu stehen, eingetaucht in atmosphärische Gase,
darüber ein blau getönter Himmel voll schäumender, kristalliner Masse
einem brennenden, goldenen Ball zugewandt
der uns mit Wärme und Licht liebkost
bis das Blau in einem Schwarz verschwindet, sobald er sich
der grenzenlosen, leeren Fülle des Universums öffnet.

Vergiss nie die äußerste Fremdheit, dieser Körper zu sein
der atmet und blinzelt und heilt und wächst
ein Wunder an Präzision und Vielschichtigkeit
eine Stadt pausenlosen Verkehrs und Geschäftigkeit
in der Millionen mikroskopischer Prozesse ineinandergreifen
und Millionen winzigster Organismen sich abmühen
für dein übergeordnetes Wohl
um dich bewusst und am Leben zu halten.

Vergiss nie die äußerste Fremdheit, wie dieses geistergleiche Selbst zu wirken
das in deinem Körper lebt, sich an deine Form heftet, das aus deinen Augen zu starren scheint
das Netze der Logik spinnt, alternative, abstrakte Welten entwirft
das sich selbst betrachten und sich in ein

grenzenloses Bewusstsein ausdehnen kann.

Vergiss nie die äußerste Fremdheit dieser Welt der Form, in der Materie mit Bewusstsein schwingt
und als Lichtwelle leuchtet
und unzählige Ausdrucksformen und Variationen hervorbringt
aus derselben reichen Quelle, demselben grundlegenden Thema
derselbe essenzielle Klang in unterschiedlichen Frequenzen
diese brausende, wuselnde Woge des Lebens
der Glanz und die leuchtende Nacktheit des Jetzt
und das ehrfurchtgebietende So-Sein der
namenlosen Wirklichkeit.

Eine Fremdheit, noch fremder
weil sie weder feindselig noch gleichgültig ist
sondern rechtens und beruhigend, auf ihre Weise warm und behütend
wie ein immer schon beabsichtigtes Chaos
ein Rätsel voller Bedeutung
eine Kakophonie des Sinns voller versteckter Harmonien –
wunderbar harmonische Fremdheit.

Die Kraft

4:00 Uhr morgens
ich gehe im Zimmer auf und ab
und versuche unser Baby wieder in den Schlaf zu wiegen.
Ich blicke hinüber zum Fenster –
ein Quadrat reiner, ursprünglicher Dunkelheit
zwischen den halbgeschlossenen Vorhängen
Millionen Jahre alt
Millionen Jahre tief.
Ein Ausschnitt des Universums
ein Tunnel in das All
schwarz, kalt und schweigend
aber lebendig.

Die Kraft fließt durch das Fenster
dick, zähflüssig
zugleich jedoch fein und ätherisch
umfängt sie mich und dringt in mich
wie Rauch, schäumt durch meinen Körper
langsam und schwer, verschmilzt und wird zu dem,
was ich bin.

In mir gibt es nur Dunkelheit –
überwältigend und unermesslich, fast furchteinflößend,
und doch leuchtend mit einer warmen Güte.

Die perfekte Paradoxie

Wenn du die Stille hinter den Geräuschen hörst
und den Raum in der Menge spürst
wenn du den Frieden inmitten von Chaos und Konflikten fühlst
und die Schönheit des Hässlichen und Öden wahrnimmst

Wenn Abgeschiedenheit dich nicht einsam macht
und Leerheit überfließt
wenn jeder Fremde dir vertraut erscheint
und fremde Orte sich wie Heimat anfühlen

Dann weißt du, die Dualität existiert nicht mehr.
Du hast jenseits aller Widersprüche
den Ort der perfekten Paradoxie betreten
an dem alles sinnvoll ist.

Das Ende des Erfolgs

Erfolg ist jetzt nicht mehr möglich – du hattest deine Chance.
Die Richterin hat deinen Fall neu aufgerollt, schüttelt erneut
den Kopf
jetzt ist dein Scheitern endgültig,
es gibt kein Zurück.

Sie rieten dir, niemals aufzugeben, aber es ist zu spät –
jeder weitere Versuch voranzukommen
lässt dich tiefer sinken.

Doch jetzt, da du nicht mehr vorwärtsgehen kannst
kannst du innehalten und dich umblicken.
Schau zu, wie der Weg hinter dir verschwindet
und eine Landschaft auftaucht, wie durch Morgennebel –
ein leuchtendes Panorama, mit frischem, üppigem Sinn,
ohne Richtung, nur Tiefe und Raum.
Es gab sie schon immer, aber du hast sie nie gesehen –
weil du niemals da warst.

Und jetzt ist klar
dass Erfüllung kein Ort ist, den es zu suchen gilt
sondern der Ort, von dem aus du suchst
dass Vollkommenheit kein entferntes und
künftiges Ziel ist
sondern das dir Nächste und Gegenwärtigste
dass, egal wie viele Erfolge du ansammelst
oder wie viele Niederlagen hinter dir liegen
es einfach reicht, nur lebendig zu sein.

Das Ende des Verlangens

Wenn das, wonach es dich verlangt, immer mehr Vergnügen,
Reichtum oder Ruhm ist
dann wirst du immer verlangen.
Du wirst niemals Frieden finden.

Kurze Augenblicke der Rast
während du die Erfahrung verdaust
dann wieder der gleiche rastlose Hunger
die nagende Unvollständigkeit
doch kräftiger noch und exklusiver
da dein Gaumen raffinierter
und dein Geschmack zugleich stumpfer geworden ist.

Verlangen ist wie eine befruchtete Zelle
die sich endlos aufspaltet und vermehrt
aber niemals eine endgültige Form erreicht
sondern deinen Geist nur zerstreut und verwässert
und dich immer weiter von der Quelle entfernt.

Vielleicht glaubst du, das Ende des Verlangens erreicht zu haben
doch dann löst sich der Nebel auf
und du merkst, der Gipfel ist nur eine weitere Ebene
am Fuße eines noch höheren Berges.

Je angestrengter du nach dem Glück suchst
dabei die Welt auf den Kopf stellst
um eines legendären Schatzes willen, den es niemals gab
umso mehr verlierst du den Kontakt mit der leuchtenden Quelle
des Friedens und der Freude in dir.

Verlange nichts
außer dem Ende des Verlangens.

Genieße diese Welt, genieße dieses Leben

Genieße diese Welt
denn dein Schiff hat hier nur zufällig angelegt
am Ufer dieser sonderbaren Insel
in der Mitte eines leeren Ozeans
du kannst hier nur eine Weile bleiben
diese üppigen Wälder durchstreifen
diese exotischen Früchte kosten
bevor dein Schiff erneut Segel setzt.

Genieße diese Welt
denn du bist nur ein Gast, vorübergehend in dieser Stadt
der Station macht, um auf dem Heimweg Verwandte zu
    besuchen
nicht lange genug, um hier Wurzeln zu schlagen
gehst du durch fremde Straßen
und nickst den Passanten zu – den Einheimischen,
    wie du glaubst.
Doch schau genauer hin – jeder hier ist Reisender.

Genieße diese Welt
denn sie zieht vorüber wie ein reißender Fluss
und es gibt nichts, an dem du dich festhalten kannst
keine Äste sind über deinem Kopf zu ergreifen
keine Büsche am Ufer zu erhaschen
nichts, was du tun kannst, außer mit dem Strom zu schwimmen
und dich zu verlieren
im Brausen und Rhythmus des Rauschens.

Genieße dieses Leben
denn dir wurde der höchste Preis verliehen
die Freiheit der Stadt
die Schlüssel zum Königreich
eine lebenslange Kreuzfahrt durch Raum und Zeit
die Ehre der Erfahrung
die Auszeichnung des Daseins.
Und eines Tages musst du dies alles zurückgeben.

Und wenn der Tag kommt, wirst du keine Bitterkeit spüren
nur Dankbarkeit für das Privileg des Seins
solange du das Leben gefeiert hast
solange du das Leben geschätzt hast
solange du diese Welt genießt.

Das Projekt

Es gibt so viel mehr als das, was du begreifst.
Du bist Teil eines Projekts, größer als das, was du verstehst.
Die Impulse, die dein Leben lenken
kommen nicht von dir, sie ziehen durch dich –
du bist ein Kanal, nicht die Quelle.

Doch diese Impulse fließen nicht klar durch dich hindurch –
den Kanal hast du blockiert
durch Selbstzweifel und Angst.
Und so wurde die Kraft verwässert, die Botschaft verfälscht
und der Strom, der durch dich brausen sollte
wurde zum stockenden,
schleppenden Rinnsal.

Und doch ist dieses Projekt zu wichtig, um es zu behindern.
Zu viel steht auf dem Spiel, um ihm im Wege zu stehen –
abgelenkt von deinen eigenen Ängsten und Wünschen
in Furcht vor dem Scheitern oder der Skepsis gegenüber
dem Erfolg
besorgt, dich lächerlich zu machen oder das Gesicht zu
verlieren
fragst du dich, wer dich beobachtet und was sie denken
oder bist entmutigt, falls niemand dich zu beobachten scheint
oder frustriert, wenn du dich nicht verstanden fühlst.

Es genügt, wenn du das tust, was du tun sollst
wenn du das ausdrückst, was du ausdrücken sollst
ohne die Wirkung zu beurteilen
oder dich mit den Resultaten und Reaktionen zu befassen.

Es steht zu viel auf dem Spiel, um weniger als derjenige
zu werden, der du sein sollst,
um auch nur eine kleine Facette deines Potenzials nicht
zu erfüllen
oder einen Teil deiner Botschaft ungesagt zu lassen.

Dies ist die Zeit, um furchtlos zu sein
so dass die Kraft frei durch dich fließen kann.
Dies ist die Zeit, um leer zu sein
so dass die Kraft dich vollständig erfüllen kann.
Dies ist die Zeit, beiseite zu treten
und das Projekt sich durch dich entfalten zu lassen.

Wieder zu Hause

Wieder zu Hause
an dem Ort, wo der Himmel so weit ist wie der Raum
wo die Wolken sich streicheln, während sie vorüberziehen
wo die Bäume tanzende Boten des Windes
und Formen klar und zart sind, wo Farben leuchten
als wären sie aus klarstem Glas geschnitten.

Wieder zu Hause
in der wohltuenden, gelassenen Kraft des Selbst
in diesem unterirdischen Fluss, der den Boden ergiebig macht
mit Wurzeln, die sich weit, weit nach unten erstrecken
in den sicheren und stabilen Boden
so dass Stress und Angst dich nicht verbiegen oder brechen
können.

Wieder zu Hause
an dem Ort, wo die Zeit sich auftut, wo sie fast anzuhalten
scheint
und es kein Streben und Suchen mehr gibt und sogar kein Tun
sondern nur ein anmutiges Gleiten des Seins durch jeden
gelassenen Tag
und der Druck der Zukunft zieht sich immer mehr zurück
wie eine Armee, die zurückweicht
und die Gegenwart in Frieden lässt.

Der Wesenskern

Dein Wesenskern ist Leerheit
dein Wesenskern ist Liebe
dein Wesenskern ist Kraft
dein Wesenskern ist Glückseligkeit.

Dein Wesenskern ist ein Strömen, wie eine Quelle
die aus einem stillen See reinen Bewusstseins im Herzen der
Realität strömt.
Dein Wesenskern ist eine ewige Kraft, die aufsteigt
und dich für diese Lebenszeit ausgeliehen hat.

Dein Wesenskern ist ohne Tod.
Die Form verwelkt und vergeht
kehrt zurück zu ihrem Ursprung
und findet neuen Ausdruck.

Dein Wesenskern erstreckt sich
innerhalb und außerhalb deines Körpers
in und außerhalb der Zeit
in der Welt und über sich hinaus
wieder zu Hause, in Frieden, an jedem Ort.

Danksagung

Mein Dank gilt Eckhart Tolle, Kim Eng und Marc Allen für den Enthusiasmus und die Unterstützung, die sie diesem Buch entgegenbrachten. Ein herzliches Dankeschön geht an Susan Miller für viele hilfreiche Vorschläge und Kommentare. Jonathan Wichmann danke ich für weitere redaktionelle Hinweise. Schließlich gilt mein Dank auch O Books für die Erlaubnis, mehrere Gedichte aufzunehmen, die bereits in meinem Buch *The Meaning* erschienen sind.

Über den Autor

Steve Taylor hat mehrere Bücher über Spiritualität und Psychologie verfasst, die teilweise in 18 Sprachen übersetzt wurden. Er ist Professor der Psychologie, lehrt an der Leeds Beckett University in Großbritannien und lebt in Manchester. Seit 2011 steht er jedes Jahr auf der Liste der „100 spirituell einflussreichsten Menschen der Gegenwart" der Zeitschrift *Mind, Body, Spirit*.

www.stevenmtaylor.com

Über die Eckhart Tolle Edition

Die *Eckhart Tolle Edition* wurde 2015 ins Leben gerufen und dient als Plattform zur Veröffentlichung neuer und älterer lebensverändernder Werke – alle von Eckhart Tolle persönlich ausgewählt. Als Imprint von *New World Library* hat die *Eckhart Tolle Edition* es sich zur Aufgabe gemacht, Bücher zu veröffentlichen, die das Bewusstsein des Lesers erweitern und seinem Leben einen tieferen Sinn und mehr Gegenwärtigkeit geben.

Erfahren Sie mehr über Eckhart Tolle unter:
www.eckharttolle.com

Über den Verlag

Diamond Approach
Lebendige Beziehung Glücksprinzip
Spirituelle Romane Stille und Meditation Zen
Persönlichkeitsentwicklung inspire!
integral Alter & Übergang
Kommunikation jkamphausen Einheitserfahrung
Naikan Psychologie
TM Advaita neues Denken & Handeln
Transzendenz & Bewusstsein

Mit Liebe fürs Detail und für die Umwelt

Bei der Auswahl der Inhalte, die wir präsentieren, achten wir auf Originalität, Kompetenz, Praxisrelevanz und Qualität. So können wir mit Herz und Seele hinter unseren Büchern, Hörbüchern, Filmen und den anderen Produkten stehen, die wir mit viel Liebe und Aufmerksamkeit bis ins letzte Detail fertigen.

Wir leisten einen aktiven Beitrag zum Umweltschutz und verbrauchen nur wirklich notwendige Ressourcen – so sparsam wie möglich. Wir drucken überwiegend auf 100% Recyclingpapier oder produzieren unsere Titel klimaneutral. 99% unserer Fertigung findet in Deutschland statt, so haben wir kurze Transportwege und unterstützen die lokale Wirtschaft.

Inspirationen, interessante und wertvolle Neuigkeiten, Wahres, Schönes & Gutes sowie wichtige Termine können Sie regelmäßig in unserem Newsletter erfahren oder hier: **www.facebook.com/weltinnenraum**

weltinnenraum.de

J.Kamphausen | Mediengruppe